FACULTÉ DE DROIT DE CAEN.

ACTE PUBLIC POUR LA LICENCE.

THÈSE

QUI SERA SOUTENUE PUBLIQUEMENT

LE MARDI 23 AVRIL 1850, A 3 HEURES,

Dans la Salle de la Faculté de Droit,

par

LALOUEL (Gabriel-Charles),

Né à Fresne-Poret (Manche), le 6 juin 1826.

CAEN,

CHEZ A. HARDEL, IMPRIMEUR-LIBRAIRE, RUE FROIDE, 2.

1850.

FACULTÉ DE DROIT DE CAEN.

ACTE PUBLIC POUR LA LICENCE.

THÈSE

QUI SERA SOUTENUE PUBLIQUEMENT

LE MARDI 23 AVRIL 1850, A 3 HEURES,

Dans la Salle de la Faculté de Droit,

par

LALOUEL (Gabriel-Charles),

Né à Fresne-Poret (Manche), le 6 juin 1826.

CAEN,

CHEZ A. HARDEL, IMPRIMEUR-LIBRAIRE, RUE FROIDE, 2.

1850.

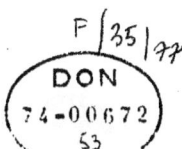

A LA MÉMOIRE DE MON PÈRE ET DE MA MÈRE.

A MON FRÈRE ET A MES SŒURS.

A MA FAMILLE.

SUFFRAGANTS :

MM. DELISLE , doyen ;

FEUGUEROLLES , professeur

BAYEUX , président ;

TRÉBUTIEN , suppléant provisoire.

DROIT FRANÇAIS.

DU RETRAIT SUCCESSORAL.

(Art. 841, Code civil.)

On appelle retrait , en général , la faculté accordée à une ou plu-sieurs personnes de se faire subroger aux droits de l'acheteur de la chose sujette à retrait , à la condition de lui rembourser le prix.

On distinguait dans l'ancienne jurisprudence un assez grand nombre de retraits ; mais notre législation n'a conservé que le retrait suc-cessoral et le retrait litigieux ; tous les deux doivent leur origine aux lois romaines *per diversas* et *ab Anastasio ;* ces lois, il est vrai , n'avaient rapport qu'aux droits litigieux , mais une certaine analogie dans les motifs porta le parlement de Paris à étendre leurs dispo-sitions aux droits successifs , et notre Code est venu dans l'article 841 consacrer cette extension.

Art. 841. « Toute personne , même parente du défunt qui n'est « pas son successible , et à laquelle un cohéritier aurait cédé son « droit à la succession , peut être écartée du partage , soit par tous

« les cohéritiers , soit par un seul , en lui remboursant le prix de la
« cession. »

Une telle règle est une grave dérogation au droit commun ; mais
elle se trouve pleinement justifiée par les motifs qui l'ont fait admettre.

Lorsqu'un héritier a cédé ses droits successifs à un étranger,
n'est-il pas à craindre que cet étranger , en exerçant le droit de
l'héritier qu'il représente , en venant s'immiscer dans les affaires de
la succession , prendre connaissance des titres et papiers domes-
tiques , ne trouble l'harmonie et le bon ordre qui doivent régner entre
cohéritiers dans les opérations du partage ? Il était donc important
pour les autres héritiers de pouvoir écarter cet étranger que la cupidité ou l'envie de nuire ont pu déterminer à devenir cessionnaire ;
c'est ce pouvoir que leur donne l'article 841. Ainsi , rendre plus
faciles les partages et plus rares des procès scandaleux , tel est le but
de notre article.

Mais tout en louant l'esprit de la loi , nous blâmerons le laconisme
du législateur. Nous examinerons successivement

1°. Par qui le retrait successoral peut être exercé ;
2°. Contre qui et pour quelles cessions il peut l'être ;
3°. Sous quelles conditions et pendant combien de temps ;
4°. Quels sont les effets du retrait successoral.

§ 1er.

Par qui le retrait successoral peut être exercé.

Le retrait successoral ayant pour objet d'écarter du partage
l'étranger qui pourrait y jeter le trouble , il est clair qu'il peut être
exercé par tous ceux qui ont le droit d'assister à ce partage. Nous
accorderons donc l'action en retrait à tous les successeurs généraux

du défunt, c'est-à-dire, à tous ceux qui, soit en vertu de donations faites par contrat de mariage, soit en vertu de legs, soit en vertu de dispositions particulières de la loi, sont appelés à recueillir une quote part de la succession.

Le mot cohéritier, dont se sert le texte, doit donc être pris dans son acception la plus large : il comprend, outre les héritiers légitimes appelés par la loi, tous les successeurs qui sont appelés par la volonté du défunt à prendre une quote part de sa succession. La loi 128, § 1. ff. de regulis juris, réputait héritiers tous ceux qui succédaient dans l'universalité des droits d'un défunt : « *hi qui in* « *universum jus succedunt, heredis loco habentur.* »

Mais si les successeurs généraux sont assimilés aux héritiers, il ne saurait en être de même des légataires à titre particulier, ils ne sont plus copartageants, ils n'ont que le droit de demander la chose léguée.

L'article 756 déclare que les enfants naturels ne sont pas héritiers ; nous leur accorderons cependant l'action en retrait ; l'enfant naturel succède à une quote part de l'hérédité et quant à cette quote part son droit ne diffère de celui des enfants légitimes que par la quotité : il aura donc comme eux le droit d'écarter du partage tout cessionnaire qui ne serait pas successible.

L'héritier réservataire, quoique réduit à sa simple légitime, n'en est pas moins héritier ; il n'appartenait pas au défunt de lui enlever cette qualité et de le priver des prérogatives qui y sont attachées ; il pourra donc exercer le retrait.

Lorsqu'une succession doit être partagée entre les deux lignes paternelle et maternelle, si un des héritiers cède son droit, l'action en retrait n'appartiendra-t-elle qu'aux héritiers de la même ligne que le cédant, ou bien faudra-t-il l'accorder aux héritiers des deux lignes indistinctement? Les auteurs sont loin d'être d'accord sur cette question : les uns, s'appuyant sur l'art. 733, prétendent que le retrait ne peut être exercé que par les héritiers de la même ligne que le cédant; les autres l'accordent à tous les héritiers indistinctement; d'autres, enfin, prennent un moyen terme, en donnant la préférence aux héritiers de la même ligne que le cédant, et à leur défaut, seulement, les héritiers de l'autre ligne seraient admis. Quant à nous, nous n'hésitons pas à adopter la seconde opinion : en effet, tant que le premier partage entre les deux lignes n'est pas consommé, il n'y a qu'une hérédité; peu importe à quelle ligne j'appartienne, je suis cohéritier dans le sens de l'article 841 et comme tel admis à l'exercice du retrait; et d'ailleurs que je sois dans l'une ou l'autre des deux lignes, n'ai-je pas toujours le même intérêt à écarter le cessionnaire étranger? ne serai-je pas également gêné par lui dans les opérations du partage? Une pareille solution est, dit-on, contraire à l'art. 733 du Code civil qui défend toute dévolution d'une ligne à l'autre. Nullement : ce que l'article 733 défend, c'est le transport gratuit d'une branche à une autre d'une partie de la succession ; or, ici, point de transport gratuit, il s'agit d'un bien acheté par un étranger. Pour ne pas violer l'article 733, il ne faut pas sacrifier l'article 841 dans la crainte d'une dévolution qui n'existe pas. Quant au moyen terme dont nous avons parlé, il laisse la question intacte : en effet, si l'action en subrogation, à défaut d'héritiers dans la ligne du cédant, est exercée par ceux de l'autre ligne, il y aura toujours dévolution d'une ligne à l'autre, nous resterons en contradiction avec l'article 733; d'ailleurs, ni le texte, ni l'esprit de la loi ne motivent cette préférence accordée à la ligne du cédant, mieux vaut donc appliquer l'article 841.

L'action en subrogation doit être refusée à celui qui a renoncé à la succession ; car, pour l'exercer, il faut être héritier, et aux termes de l'article 785, celui qui renonce est sensé n'avoir jamais été héritier ; il en serait ainsi lors même qu'il aurait renoncé pour s'en tenir à un don déterminé. Mais si, outre sa qualité d'héritier légitime, il était donataire ou légataire à titre universel, sa renonciation ne l'empêcherait pas d'exercer le retrait.

Quant à l'héritier bénéficiaire , rien dans l'article 841 ne peut lui enlever l'exercice du retrait; quoiqu'il n'ait accepté que sous bénéfice d'inventaire, il n'en est pas moins héritier, puisque c'est cette qualité seule qui lui fait toucher ce qui reste des biens de la succession , après le paiement des dettes , lorsqu'il a abandonné cette succession aux créanciers et aux légataires.

Il est évident que l'héritier cédant ne peut exercer le retrait contre son cessionnaire, mais il en serait autrement pour tout autre cessionnaire; en cédant son droit, l'héritier ne s'est pas démis de son titre d'héritier et, comme tel, il pourra toujours se faire subroger aux droits de cessionnaire autre que le sien.

Nous avons dit que le légataire à titre universel avait l'exercice du retrait. Faut-il regarder comme légataire à titre universel le légataire de l'usufruit des biens d'une succession? L'article 1010 n'est point formel à cet égard , cependant ses termes nous paraissent plutôt indicatifs que limitatifs ; prendre tous les produits d'une succession, en recueillir tous les fruits, n'est-ce pas avoir une quote part de cette succession. Le légataire de l'usufruit devra donc jouir du retrait.

Le retrait ne peut être exercé par les créanciers de la succession; il s'agit ici d'un droit exclusivement attaché à la personne des héritiers; c'est le cas prévu dans la seconde partie de l'article 1166.

§ 2.

Contre qui et pour quelles cessions peut être exercé le retrait.

Le retrait successoral peut être exercé contre toute personne même parente du défunt qui n'est pas son successible, et par successible il faut entendre , nous l'avons déjà dit, celui qui est appelé par la loi ou la volonté de l'homme à prendre une quote part de l'hérédité.

2

Ainsi, seront à l'abri du retrait les donataires et légataires universels ou à titre universel, les enfants naturels, et, en général, tous ceux à qui nous avons accordé l'exercice du retrait; mais nous y soumettrons les donataires et légataires à titre particulier et tous ceux à qui nous avons refusé le retrait.

L'héritier qui a renoncé est donc passible du retrait; mais que deviendra la cession à lui faite s'il est en même temps donataire ou légataire du défunt? Il faut distinguer; s'il est légataire ou donataire universel, il sera à l'abri du retrait, puisqu'indépendamment de son titre d'héritier il est successible et a le droit de concourir au partage; s'il n'est que légataire ou donataire à titre particulier, il sera passible du retrait, puisque sans la cession il n'aurait aucun droit au partage.

La cession peut être faite à titre gratuit ou à titre onéreux. Le cessionnaire à titre onéreux sera seul soumis à l'action en subrogation. C'est ce qui résulte du texte même de l'article 841 qui proclame comme condition essentielle du retrait le remboursement du prix de la cession. Dans la cession à titre gratuit pas de remboursement possible et partant pas de retrait. D'ailleurs, la cupidité, l'esprit de spéculation n'est pas aussi à craindre chez un donataire que chez un acquéreur à prix d'argent.

Si le donataire cédait son droit moyennant un prix, le nouveau cessionnaire pourrait être écarté, car, encore bien qu'il n'ait pas acheté d'un cohéritier, il en est cependant l'ayant-droit; d'un autre côté, le prix de la cession peut lui être remboursé, l'article 841 est donc applicable.

Nous placerons au contraire à l'abri du retrait l'étranger cessionnaire à titre onéreux d'un héritier et cessionnaire à titre gratuit d'un autre héritier, puisque ce dernier titre seul lui permet d'assister au partage. Il en serait ainsi, lors même que les cessions à titre gratuit et à titre onéreux proviendraient du même héritier, pourvu toutefois que la cession à titre gratuit ne fût pas postérieure à la demande en subrogation; il serait trop facile d'éluder notre article.

L'action en subrogation doit être admise, non seulement dans le cas où l'un de héritiers a vendu la totalité de ses droits successifs, mais encore lorsqu'il n'en a vendu qu'une partie. L'expression générale son droit à la succession dont se sert le Code, a pu faire naître quelques doutes, mais il ne faut pas sacrifier l'esprit de la loi à son texte; d'après le but que s'est proposé le législateur, le retrait est possible pour toutes cessions qui permettent à un étranger de venir s'immiscer dans les affaires de la succession; or, l'acquéreur d'une quote part a autant d'intérêt et de droits pour assister au partage que l'acquéreur de la totalité, puisque sa part sera plus ou moins considérable en biens, suivant que la masse de l'hérédité sera plus ou moins forte. Au reste, ne serait-il pas étrange d'être obligé d'admettre au partage quatre ou cinq étrangers à chacun desquels un des héritiers aurait cédé séparément une quote part de ses droits, tandis qu'on pourrait écarter un seul étranger cessionnaire de la totalité.

L'acquéreur de la part indivise d'un héritier dans des objets certains et déterminés est-il passible du retrait? Nous pensons avec Chabot, Malpel, Mercadé, que la solution de cette question dépend des circonstances : si les intérêts et les droits du cessionnaire n'exigent pas son intervention au partage de toute la succession; si lui-même ne demande pas à prendre connaissance de toutes les affaires, et qu'il suffise de l'appeler au partage des objets certains et déterminés dont il a acquis une portion, il n'y a pas lieu d'exercer le retrait contre lui; mais, si, en vertu de son titre, il veut venir pénétrer tous les secrets de la famille, prendre part à toutes les opérations du partage, l'article 841 devient applicable.

Si la cession d'une part indivise dans des objets déterminés comprenait l'universalité de la succession, la demande en retrait devrait toujours être admise.

La rétrocession que fait le cessionnaire à l'héritier qui lui a vendu ses droits empêche-t-elle l'exercice du retrait ? Il faut distinguer à quel moment a lieu cette rétrocession; lorsqu'elle est faite après la demande en subrogation, le retrait est toujours permis; une convention entre le cessionnaire et le cédant ne peut pas enlever au retrayant un droit qui lui est acquis par sa demande ; c'est ici l'application de l'article 1165, qui défend les conventions qui nuisent aux tiers ; d'ailleurs, le cédant, rentré dans la possession de ses droits, ne serait le plus souvent que le mandataire de son cessionnaire. Mais la rétrocession, faite avant toute demande en subrogation, est inattaquable ; aucun droit n'est lésé et le but de notre article se trouve rempli, puisque le cessionnaire n'a plus de titre pour s'immiscer dans les secrets de la succession.

La cession peut avoir lieu moyennant une somme d'argent ou un immeuble donné en échange. Si le prix de la cession est un immeuble, le retrayant ne sera tenu de rembourser au cessionnaire que sa valeur estimative.

Si la cession comprend d'autres biens que les droits successifs, cette circonstance n'empêchera pas d'exercer le retrait ; on déterminera le prix à rembourser, pour la cession des droits successifs, d'après une ventilation faite par experts.

L'art. 841 n'est pas applicable en matière de communauté ; si un époux cède ses droits dans la communauté encore indivise, l'autre époux ou ses héritiers ne pourront écarter le cessionnaire en lui remboursant le prix de la cession. L'art. 1476 soumet, il est vrai, le partage de la communauté aux règles établies pour le partage des successions, mais remarquons qu'il ne l'y soumet que pour ce qui concerne la licitation des immeubles, les formes, les effets du partage, la garantie qui en résulte et les soultes ; or, le retrait n'a rapport ni aux soultes, ni à la garantie, ni aux effets et aux formes du partage, ni à la licitation des immeubles : il n'est donc pas admissible en pareille matière. Il y a bien analogie, identité de motifs ; mais n'oublions pas que le retrait successoral est une dérogation aux principes du droit **commun**, et, comme le disait la loi romaine : *Quod contra rationem juris receptum est, non est producendum ad consequentias.* (L. 14 , ff. de leg.)

Ce que nous disons en matière de communauté est applicable en matière de société. Ce serait une erreur de conclure de l'art. 1872 , comme le fait Pardessus : « Qu'un tiers à qui un associé « aurait, depuis que la société est dissoute et avant partage , cédé « tous ses droits moyennant une somme d'argent , pourrait être « écarté du partage , soit par tous les associés , soit par un seul , « en lui remboursant ce qu'il a payé. » Dans l'exposé des motifs du titre du contrat de société , l'orateur du gouvernement déclara positivement, que l'art. 1872 ne renvoyait au titre des successions que pour ce qui concerne la forme du partage, ses effets et les causes qui peuvent en opérer la rescision ; rien dans tout cela n'a rapport à l'art. 841.

§ 3.

Sous quelles conditions et pendant combien de temps le retrait peut être exercé.

L'art. 841 indique comme condition essentielle de l'exercice du retrait le remboursement du prix de la cession, mais il ne suffit pas de rembourser au cessionnaire le prix principal , il faut y joindre tous les frais et loyaux coûts de son acquisition, lui tenir compte des intérêts de la somme principale, à partir du moment où le paiement a été effectué ; en un mot , il faut le rendre indemne. L'art. 1699 l'exige pour le retrait litigieux , nous devons par analogie étendre ses dispositions au retrait successoral. En droit Romain les lois *per diversas* et *ab Anastasio* ordonnaient aussi le paiement des intérêts : *usque ad ipsam tantummodo solutarum pecuniarum quantitatem et usurarum ejus actiones exercere permittatur.*

Il peut se faire qu'il y ait deux prix ; l'un réel et caché, l'autre fictif, porté au contrat, et exagéré, afin d'empêcher le retrait. Les héritiers ne seront tenus de rembourser que la somme réellement payée ; ils seront même admis à prouver par témoins ou par présomptions, que cette somme est inférieure au prix énoncé dans l'acte de cession. Ce n'est point là une exception à l'art. 1341, portant qu'on ne peut rien prouver par témoins contre le contenu aux actes ; car, dans notre hypothèse, il y a fraude à la loi, et la fraude permet tout genre de preuves (art. 1348, 1353). Le retrayant peut aussi exiger du cessionnaire qu'il prête serment sur la sincérité du prix ; mais il ne peut l'exiger du cédant, attendu qu'il n'a aucune action contre lui ; c'est ainsi que l'a jugé un arrêt de la Cour de Grenoble du 11 juillet 1806.

Si le prix de la cession est une rente viagère, le retrayant est tenu de rembourser, outre les frais et loyaux coûts du contrat, les arrérages déjà payés et de continuer le service de la rente, qui ne s'éteindra que par la mort de celui sur la tête duquel elle a été constituée. Dans le cas où cette personne serait morte avant l'exercice du retrait, il suffirait de payer au cessionnaire les arrérages qu'il a déboursés : ce paiement rend le cessionnaire indemne, et le but de l'art. 841 est rempli ; comme l'a dit la Cour d'appel d'Amiens dans son arrêt sur l'affaire Warghemont : « L'effet de l'action en « subrogation est de mettre le subrogé dans tous les droits de l'ac- « quéreur qu'il remplace, de lui faire supporter les pertes, et de « le faire jouir des profits dont cet acquéreur aurait été tenu ou « aurait profité....... qu'il a droit, à compter du contrat auquel il « est subrogé, à tous les événements auxquels ce contrat a pu ou « pourrait donner lieu. »

Lorsqu'il y a plusieurs ventes successives, c'est contre le dernier cessionnaire que devra être poursuivi le retrait, mais le prix à rembourser sera celui de la première cession. Par ces mots, *le prix de la cession*, l'art. 841 n'entend parler que d'une seule cession ; le dernier cessionnaire n'est que le représentant du premier.

Le retrayant n'est forcé d'accompagner sa demande en retrait ni de la déclaration, ni de la consignation d'offres réelles; l'art. 841 ne l'exige pas; d'ailleurs il peut ignorer à ce moment le prix de la cession. Il lui suffit d'offrir le remboursement du prix, tel qu'il sera prouvé.

La loi n'a point fixé de délai fatal pour l'exercice du retrait; mais il est évident que la demande en retrait sera recevable tant que le cessionnaire pourra se présenter pour prendre part au partage, puisqu'elle a pour unique but de l'en éloigner. Cependant le retrait ne pourrait plus être exercé si les héritiers avaient approuvé la cession soit expressément, soit tacitement, par exemple, en admettant le cessionnaire, dans diverses opérations du partage, au lieu et place du cédant; mais il faut distinguer les formalités préliminaires au partage, du partage lui-même. La participation du cessionnaire à quelques actes préalables au partage ne fera pas encourir une déchéance aux cohéritiers; si, au contraire, presque toutes les opérations avaient eu lieu, qu'il n'en restât plus que quelques-unes sans importance, comme une attribution de lots, le retrait devrait être refusé. Au reste, cette question doit être laissée à l'appréciation des tribunaux.

Le partage une fois consommé, notre article n'est plus applicable, cependant, il y a lieu de faire une exception pour le cas où le cessionnaire aurait caché son acte de cession, et serait intervenu frauduleusement au partage, comme mandataire de l'héritier cédant. « *Nemini fraus sua patrocinari debet.* »

Après le partage un des héritiers vend sa part; plus tard le partage est rescindé pour cause de violence, de dol ou de lésion; les cohéritiers pourront ils écarter le cessionnaire du nouveau partage? Nous répondrons affirmativement; en effet, la rescision du partage, lorsqu'elle est prononcée par la justice, remet les choses au même état que si le partage n'avait pas eu lieu; or, s'il n'avait pas eu lieu, le cessionnaire de droits successifs serait passible du retrait, nous devons donc accorder aux cohéritiers l'action en subrogation contre l'étranger devenu cessionnaire postérieurement au premier partage.

Si la cession avait été faite avant le premier partage, le cessionnaire admis au premier partage ne pourrait être écarté du second : les héritiers, en l'admettant, ont renoncé à leur droit; d'ailleurs le retrait serait sans motifs, puisqu'il connaît tous les secrets de la famille.

La durée de l'action en retrait est de trente ans, à partir du moment où la cession aura été connue par les héritiers du cédant. L'art. 1304 ne peut être appliqué à notre matière; il s'agit ici de l'exercice d'un droit, et non de la demande en rescision ou en nullité d'une convention.

§ 4.

Effets du retrait.

Le retrait a pour effet de mettre le retrayant au lieu et place du cessionnaire. Le retrayant est censé avoir acquis directement les droits de l'héritier et le cessionnaire n'en avoir jamais été propriétaire.

En conséquence, les droits successifs passeront entre les mains du retrayant, libres de toutes les charges dont ils auraient été grevés par le cessionnaire avant l'exercice du retrait. Ainsi, tout droit hypothécaire conféré à des tiers sera résoluble, « *nemo plus juris in alium transferre potest quam ipse habet.* » Toutefois le cessionnaire restera obligé personnellement envers son cédant; il y a eu entre eux un contrat valable qui a engendré des obligations respectives, et personne ne peut forcer le cédant de changer, malgré lui, de débiteur; le retrait est pour le cédant une chose, *inter alios acta,* qui ne peut en rien préjudicier à ses droits.

L'exercice du retrait ne libère donc pas le retrayé, lorsque le prix de la cession n'est pas encore payé; il reste débiteur du cédant, mais il aura son recours contre le retrayant qui doit le rendre indemne.

Si l'héritier cédant avait accordé un terme pour le paiement du prix de la cession, le retrayant devrait aussi en jouir, puisqu'il est censé avoir acquis directement du cédant. Mais si ce terme était accompagné d'une hypothèque sur les biens du cessionnaire, et que le cédant s'opposât à sa levée avant le paiement, le retrayant ne pourrait plus jouir du terme; il serait tenu de rembourser immédiatement; car le cessionnaire doit être rendu indemne, et, autrement, il ne le serait pas, puisque pendant le terme, ses biens seraient grevés d'une hypothèque.

Le cessionnaire évincé n'a pas d'action en garantie à exercer contre l'héritier son cédant; c'était à lui de prévoir cette éviction prononcée par la loi.

Il nous reste maintenant à examiner une question sur laquelle les auteurs sont loin d'être d'accord. Un des héritiers a exercé le retrait, sera-t-il tenu d'en communiquer le bénéfice à ses cohéritiers lorsqu'ils le demanderont? Il faut distinguer à quelle époque les cohéritiers demandent à intervenir. Si, lors de la demande, le droit du cessionnaire étranger a passé sur la tête du retrayant, soit en vertu d'un contrat judiciaire, soit en vertu d'un jugement définitif, le retrayant a un droit irrévocablement acquis; il se trouve dans la même position que s'il eût directement acquis du cédant; par conséquent, on ne peut le forcer de partager avec ses cohéritiers le bénéfice de la cession; ceux-ci ont eu pendant l'instance tout le temps nécessaire pour intervenir; s'ils ne l'ont pas fait, c'est leur faute. Si on décidait autrement, qu'arriverait-il : les cohéritiers laisseraient le retrayant essuyer les embarras et les chances d'un procès, et, s'il obtenait gain de cause, si l'opération présentait des avantages, ils viendraient avec lui en partager les bénéfices, sans

3

en avoir couru les chances. Mais si le retrait n'est pas encore consommé ; si l'étranger n'est pas écarté du partage par un jugement
définitif ou un contrat judiciaire, la demande des cohéritiers doit
être admise ; ils peuvent intervenir et faire cause commune avec le
retrayant.

Vu :

BAYEUX.

Permis d'imprimer :

Le Recteur de l'Académie ,

DANIEL.

JUS ROMANUM.

DE ACTIONIBUS NOXALIBUS.

(Dig. , lib. IX , t. 4.)

Noxa dicitur maleficii auctor; noxia, ipsum maleficium.

Noxales autem actiones hæ sunt quæ non ex contractu, sed ex noxiis mancipiorum adversus dominum dantur. His actionibus obligatur dominus aut ad noxæ dedendum servum qui noxiam fecit , aut ad æstimationem damni præstandam.

Jure veteri noxales actiones ex delictis filiorum filiarumque familias dabantur , sed id sensim desuetum abiit.

Nulla vero nascitur noxalis actio si quis servus adversus dominum suum maleficium commiserit ; quia inter dominos et servos nullum judicium constare potest ; ipsi in noxâ domini statuere debent.

Si vero adversus me delictum alienus servus commisit, extinguetur actio , si postea fit meus ; dummodo servi acquisitionis tempore lis nondum contestata fuisset ; quod si jam fuisset, condemnandus erit venditor , nam suo nomine in me obligatur ex quasi contractu quem litis contestatio inducit.

Hâc actione tenetur is in cujus potestate servus est , eo tempore quo agitur , vel servus ipse si eodem tempore manumissus est. Non autem conveniri potest ille qui habebat servum quum delinqueret sed nunc non habet : noxa enim caput sequitur ; contrà , rectè convenietur qui nunc possidet servum ; etsi ille delicti tempore , apud alium fuisset.

Noxali etiam actione tenetur qui dominus non est , sed pro suo , seu bona seu mala fide servum possidet ; secus de eo qui pro alieno possidet. Sic accipere debemus in potestate , ut facultatem et potestatem exhibendi dominus habeat ; itaque servus fugax vel absens in potestate non videbitur , nisi facultatem ejus repetendi et exhibendi dominus habeat.

Si quis desiit malâ fide in potestate servum habere non quidem directa sed utilis actio in eum datur, quia pro dolo adhuc possidere videtur. Cùm alienatur vel manumittitur servus aut cum emptore aut cum manumisso agi potest ; actori eligendum est. Sed non idem dicendum si novus dominus vel servus manumissus judicio paratus sit sisti , exceptioni doli mali , locus erit ei qui vendidit vel manumisit.

Si mortuus est servus priusquam judicium accipiatur utilis actio extinguitur ; sed non est ita si , vivente adhuc servo , moram fecerit dominus in judicio accipiendo.

Noxales actiones perpetuæ sunt ; non tantum nobis sed etiam successoribus nostris adversus ipsos heredes dantur , non quasi successores sed quasi domini.

Dominus noxali actione circumventus aut fatetur aut negat servum in sua potestate esse : si negaverit, licet actori aut jurejurando rem decidere aut judicium sine noxæ deditione dictare. Vincet actor

si probaverit servum in potestate esse vel dolo domini factum quominus esset, aliter rem amittit.

Si falso dixerit dominus in sua potestate non esse, vel si dolo
fecerit quominus non sit, suscepturum est judicium sine deditione
noxæ. Quùm jusjurandum actor detulerit nec juraverit reus, condemnabitur quasi contumax. Patet eum absolvendum si juraverit.

Qui fatetur servum in sua potestate esse aut exhibere aut absentem
defendere debet ubi deliquisse arguitur. Indefensus servus actori
traditur. Si dominus defensionem suscepit, potest adhuc, accepto
noxale judicio, litis æstimationem vitare noxæ dedendo.

Servus noxæ deditus vel ab actore ductus, nemine defendente, in
bonis actoris fit ; sed ille servum qui damnum resarcierit manumit-
tere debet.

Nescius ipse dominus noxali actione tenetur si quid deliquit servus;
quinimo scius in solidum ad damni æstimationem condemnabitur, si
delictum non prohibuit cùm posset. In hoc posteriori casu agere
potest actor in dominum proprio nomine, vel agere noxaliter : aliter
tamen statuendum , si, jubente domino, deliquit servus, nam servus
parens domino non deliquisse videtur.

QUÆSTIONES.

An omnis possessor servi actione noxali tenetur ?
Non tenetur omnis possessor.

Extinguiturne aliquando noxalis actio ?
Aliquando.

Noxalis actio daturne tantum ex servorum delictis ?
Non puto.

Visa :

BAYEUX.

Typis mandetur :

Academiæ Rector ,

DANIEL.

Caen.—Imp. de A Hardel.